Gottfried Berron

Eduard Mörike

Erlesenes

SKV-Edition · 7630 Lahr

CIP-Kurztitelaufnahme der Deutschen Bibliothek

Mörike, Eduard:
Erlesenes / Eduard Mörike. Gottfried Berron. – Lahr: SKV-Edition, 1985.
(Goldene Großdruckreihe; Nr. 704)
ISBN 3-87729-072-8
NE: Berron, Gottfried [Hrsg.]; Mörike, Eduard: [Sammlung]; GT

ISBN 3 87729 072 8

Goldene Großdruckreihe Nr. 92 704
Umschlagbild: H. Sala
Innenbilder: H. Müller-Schönbrunn und Archiv

Gesamtherstellung:
St.-Johannis-Druckerei C. Schweickhardt, 7630 Lahr
Printed in Germany 750/1985

Zum Neuen Jahr

Wie heimlicherweise
ein Engelein leise
mit rosigen Füßen
die Erde betritt,
so nahte der Morgen.
Jauchzt ihm, ihr Frommen,
ein heilig Willkommen,
ein heilig Willkommen!
Herz, jauchze du mit!

In ihm sei's begonnen,
der Monde und Sonnen
an blauen Gezelten
des Himmels bewegt!
Du, Vater, du rate!
Lenke du und wende!
Herr, dir in die Hände
sei Anfang und Ende,
sei alles gelegt!

An einem Wintermorgen vor Sonnenaufgang

O flaumenleichte Zeit der dunkeln Frühe!
Welch neue Welt bewegest du in mir?
Was ist's, daß ich auf einmal nun in dir
von sanfter Wollust meines Daseins glühe?

Einem Kristall gleicht meine Seele nun,
den noch kein falscher Strahl des Lichts
getroffen;
zu fluten scheint mein Geist, er scheint zu
ruhn,
dem Eindruck naher Wunderkräfte offen,
die aus dem klaren Gürtel blauer Luft
zuletzt ein Zauberwort vor meine Sinne ruft.

Bei hellen Augen glaub ich doch zu
schwanken.
Ich schließe sie, daß nicht der Traum
entweiche.
Seh ich hinab in lichte Feenreiche?
Wer hat den bunten Schwarm von Bildern
und Gedanken
zur Pforte meines Herzens hergeladen,
die glänzend sich in diesem Busen baden,
goldfarbgen Fischlein gleich im
Gartenteiche?

Ich höre bald der Hirtenflöten Klänge,
wie um die Krippe jener Wundernacht,
bald weinbekränzter Jugend Lustgesänge;
wer hat das friedenselige Gedränge
in meine traurigen Wände hergebracht?

Und welch Gefühl entzückter Stärke,
indem mein Sinn sich frisch zur Ferne lenkt!
Vom ersten Mark des heutgen Tags getränkt,
fühl ich mir Mut zu jedem frommen Werke.
Die Seele fliegt, soweit der Himmel reicht,
der Genius jauchzt in mir. Doch sage:
Warum wird jetzt der Blick von Wehmut
feucht?
Ist's ein verloren Glück, was mich erweicht?
Ist es ein werdendes, was ich im Herzen
trage? –

Hinweg, mein Geist! hier gilt kein Stillestehn:
Es ist ein Augenblick, und alles wird verwehn.

Dort, sieh! am Horizont lüpft sich der
Vorhang schon.
Es träumt der Tag, nun sei die Nacht entflohn;
die Purpurlippe, die geschlossen lag,
haucht, halb geöffnet, süße Atemzüge:
Auf einmal blitzt das Aug, und, wie ein Gott,
der Tag
beginnt im Sprung die königlichen Flüge.

Aus meiner Kindheit

Ich bin am 8. September 1804 zu Ludwigsburg geboren, ein Sohn des im Jahr 1817 als Landvogtei- und Oberamtsarzt verstorbenen Dr. Karl Friedrich Mörike. Von dessen Seite war mein Großvater, Gottlieb Mörike, Hofmedikus in der gedachten Stadt. Es schreibt sich die Familie, seitdem sie in Württemberg ist, von Neuenstadt am Kocher her, wohin die ältesten bekannten Vorfahren aus Havelberg in Preußen eingewandert sind. Mein Großvater von mütterlicher Seite war Christian Friedrich Beyer, Pfarrer zu Beuren, Oberamts Nürtingen.

Ich befand mich als Knabe in einem lebhaften Kreis von mehreren Geschwistern, die an Alter teils vor, teils hinter mir standen. Die Verhältnisse meiner Eltern waren für die erste Entwicklung günstig genug; allein es konnte der Vater den Tag über bei einem äußerst geschäftsvollen Amte, das ihn meist außer dem Hause festhielt, bei der rastlosen Tätigkeit, womit er selbst daheim nur seiner Wissenschaft lebte, an unserer Erziehung nur den allgemeinsten Anteil nehmen. Wenn er auf uns wirkte, so geschah es zufällig durch einzelne Winke oder gewissermaßen stillschweigend durch den so liebevollen als ernsten Eindruck seiner ganzen Persönlichkeit; ausdrücklich belehrend war seine Unterhaltung selten und gegen die Jüngeren, zu denen ich gehörte, fast niemals. Dagegen konnte uns im Sittlichen die Mutter auch statt alles andern gelten. Durch ihre Zärtlichkeit, ihr reines Beispiel und durch ein Wort, zur rechten Zeit gesprochen, übte sie ohne studierte Grundsätze und ohne alles Geräusch eine unwiderstehliche sanfte Gewalt über die jungen Herzen aus. In tieferer gemütlicher Beziehung aber hatte die Eigentümlichkeit eines älteren Bruders den größten Einfluß bald auf mich gewonnen. Was nur ein jugendlicher Sinn irgend Bedeutungsvolles hinter der Oberfläche der äußern Welt, der Natur und menschlicher Verhältnisse zu ahnen vermag, das alles wurde durch die Gespräche dieses Bruders auf einsamen Spaziergängen, wenn ich ihn manchmal auch nur halb verstand, in meinem Innern angeregt; er wußte den gewöhnlichsten Erscheinungen einen höhern und oft geheimnisvollen Reiz zu geben; er war es auch, der meine kindischen Gefühle zuerst mit mehr Nachhaltigkeit auf übersinnliche und göttliche Dinge zu lenken verstand.

Indes besuchte ich die lateinische Schule; man ließ mich einen Anfang in den andern

alten Sprachen machen, um seinerzeit, wenn über meine Bestimmung entschieden werden sollte, vollkommene Wahl zu haben. Mein Vater wünschte nicht, daß einer seiner Söhne seinen Beruf ergreife, und man war, besonders auf Wunsch eines verehrten Oheims, schon ziemlich übereingekommen, mich dem geistlichen Stande zu widmen.

Im Jahr 1815 erkrankte mein Vater auf bedenkliche Art. Infolge übermäßiger Anstrengung bei Gelegenheit einer in der Stadt und Umgegend ausgebrochenen Seuche, wobei er selbst zur Nacht sich wenig Ruhe gönnte, ward er sichtbar geschwächt, und es bereitete dieser Zustand einen Schlaganfall vor, der erstmals bei der besondern Veranlassung eintrat, daß den sonst so kraftvollen Mann der Anblick seiner sterbenden Mutter aufs äußerste ergriff. Mit diesem Tage begann das Glück unseres Hauses in mehr als einem Betracht zu sinken.

Noch fürchteten wir nicht das Schlimmste; auf den Gebrauch des Wildbads zeigte mein Vater einige Besserung, er ließ sich nicht abhalten, seine gewöhnlichen Geschäfte wieder zu versehen. Wiederholte Bäder im folgenden Jahr taten die erste Wirkung nicht mehr, er wurde hinfällig und mußte sein Amt übergeben. So war also der unermüdet fleißige Mann, welcher, wie seine unvollendet hinterlassenen Schriften bezeugen, der wissenschaftlichen Welt ebensoviel zu werden gedachte, als er in seinem innern Wirkungskreise der Stadt und dem Lande durch persönliche Hilfeleistung gewesen war, nun auf einmal aus seiner gesegneten Tätigkeit für immer herausgerissen und in die äußerste Unmacht versetzt. Außer der ganzen linken Seite seines Körpers waren auch die Sprechwerkzeuge beinahe völlig gelähmt, das Gedächtnis auffallend geschwächt, selbst die Denkkraft hatte gelitten. Wenn nun das Vertrauen so mancher, denen er sonst seine Dienste gewidmet und im eigentlichen Sinne des Wortes geschenkt hatte, sich auch jetzt nicht wollte abweisen lassen und ihn mit rührender Zudringlichkeit bis in sein Krankenzimmer verfolgte, wenn er, die Feder in der zitternden Hand, den rechten Ausdruck suchte und nicht fand und er zuletzt mit unterdrückter Wehmut die Leute wieder entließ oder, höchst reizbar, wie er war, in einen Zustand ungemessener Heftigkeit geriet, so daß ihm niemand, meine Mutter kaum, sich nähern durfte, wenn der jammervoll Dasitzende mich unter Tränen zwischen seinen Knien hielt und mir ein schwer zu erratendes Wort mit Liebkosungen gleichsam abschmeicheln wollte, um den anderen zu sagen, was er verlange – so waren das Augenblicke des herzzerreißenden Elends, die unauslöschlich in meiner Erinnerung stehen. Hier mußte der Knabe den Ernst des Lebens, dem er entgegenwuchs, und die Hinfälligkeit alles Menschlichen mit erschütternder Wahrheit empfinden . . .

Die Leiden meines Vaters dauerten volle drei Jahre. In einer Nacht, wir Kinder schliefen schon, rief man uns unvermutet an sein Bett; er lag bewußtlos da, und man erwartete sein Ende; wir knieten um ihn auf dem Boden, die Mutter betete, und noch höre ich den Ton, womit das Lied von ihr gesungen wurde: »Gott der Tage, Gott der Nächte, unsre Seele harret dein!«

Am andern Morgen bei unserem Erwachen sagte man uns das ganz unfaßliche Wort, daß wir jetzt keinen Vater mehr hätten.

Beim Leichenbegängnis trat der Oheim, dessen ich oben gedachte, mit der Erklärung hervor, er wünsche mich zu sich nach Stuttgart zu nehmen und meine Bildung zu fördern, ein Anerbieten, das meine Mutter mit Dank, ich selbst mit Begierde ergriff.

Besuch in Urach

(Erinnerungen an die Schulzeit)

Nur fast so wie im Traum ist mir's geschehen,
daß ich in dies geliebte Tal verirrt.
Kein Wunder ist, was meine Augen sehen,
doch schwankt der Boden, Luft und Staude
schwirrt,
aus tausend grünen Spiegeln scheint zu gehen
vergangne Zeit, die lächelnd mich verwirrt;
die Wahrheit selber wird hier zum Gedichte,
mein eigen Bild ein fremd und hold Gesichte.

Da seid ihr alle wieder aufgerichtet,
besonnte Felsen, alte Wolkenstühle,
auf Wäldern schwer, wo kaum der Mittag
lichtet
und Schatten mischt mit balsamreicher
Schwüle.
Kennt ihr mich noch, der sonst hieher
geflüchtet,
im Moose bei süßschläferndem Gefühle
der Mücke Sumsen hier ein Ohr geliehen,
ach, kennt ihr mich und wollt nicht vor mir
fliehen?

Hier wird ein Strauch, ein jeder Halm zur
  Schlinge,
die mich in liebliche Betrachtung fängt;
kein Mäuerchen, kein Holz ist so geringe,
daß nicht mein Blick voll Wehmut an ihm
  hängt:
Ein jedes spricht mir halbvergessne Dinge;
ich fühle, wie, von Schmerz und Lust
  gedrängt,
die Träne stockt, indes ich ohne Weile,
unschlüssig, satt und durstig, weiter eile.

Hinweg! und leite mich, du Schar von
  Quellen,
die ihr durchspielt der Matten grünes Gold!
Zeigt mir die urbemoosten Wasserzellen,
aus denen euer ewigs Leben rollt,
im kühnsten Walde die verwachsnen
  Schwellen,
wo eurer Mutter Kraft im Berge grollt,
bis sie im breiten Schwung an Felsenwänden
herabstürzt, euch im Tale zu versenden.

Oh, hier ist's, wo Natur den Schleier reißt;
sie bricht einmal ihr übermenschlich
  Schweigen:
Laut mit sich selber redend will ihr Geist,
sich selbst vernehmend, sich ihm selber
  zeigen. –

Doch ach, sie bleibt, mehr als der Mensch,
verwaist,
darf nicht aus ihrem eignen Rätsel steigen.
Dir biet ich denn, begierge Wassersäule,
die nackte Brust, ach, ob sie dir sich teile!

Vergebens! und dein kühles Element
tropft an mir ab, im Grase zu versinken.
Was ist's, das deine Seele von mir trennt?
Sie flieht, und möcht ich auch in dir ertrinken,
dich kränkt's nicht, wie mein Herz um dich
entbrennt,
küssest im Sturz nur diese schroffen Zinken;
du bleibest, was du warst seit Tag und Jahren,
ohn eingen Schmerz der Zeiten zu erfahren.

Hinweg aus diesem üppgen Schattengrund
voll großer Pracht, die drückend mich
erschüttert!
Bald grüßt beruhigt mein verstummter Mund
den schlichten Winkel, wo sonst, halb
verwittert,
die kleine Bank und wo das Hüttchen stund;
Erinnrung reicht mit Lächeln die verbittert
bis zur Betäubung süßen Zauberschalen:
So trink ich gierig die entzückten Qualen.

Hier schlang sich tausendmal ein junger Arm
um meinen Hals mit inn'gem Wohlgefallen.
O säh ich mich als Knaben sonder Harm
wie einst mit Necken durch die Haine wallen!
Ihr Hügel, von der alten Sonne warm,
erscheint mir denn auf keinem von euch allen
mein Ebenbild, in jugendlicher Frische
hervorgesprungen aus dem Waldgebüsche?

O komm, enthülle dich! Dann sollst du mir
mit Freundlichkeit ins dunkle Auge schauen!
Noch immer, guter Knabe, gleich ich dir,
uns beiden wird nicht voreinander grauen.
So komm und laß mich unaufhaltsam hier
mich deinem reinen Busen anvertrauen! –
Umsonst, daß ich die Arme nach dir strecke,
den Boden, wo du gingst, mit Küssen decke!

Hier will ich denn laut schluchzend liegen
bleiben,
fühllos, und alles habe seinen Lauf!
Mein Finger, matt, ins Gras beginnt zu
schreiben:
Hin ist die Lust! hab' alles seinen Lauf!
Da plötzlich hör ich's durch die Lüfte treiben,
und ein entfernter Donner schreckt mich auf:
Elastisch angespannt mein ganzes Wesen
ist von Gewitterluft wie neu genesen.

Sieh, wie die Wolken finstre Ballen schließen
um den ehrwürdgen Trotz der Burgruine!
Von weitem schon hört man den alten Riesen,
stumm harrt das Tal mit ungewisser Miene,
der Kuckuck nur ruft sein einförmig Grüßen,
versteckt, aus unerforschter Wildnis Grüne –
jetzt kracht die Wölbung und verhallet lange,
das wundervolle Schauspiel ist im Gange.

Ja nun, indes mit hoher Feuerhelle
der Blitz die Stirn und Wange mir verklärt,
ruf ich den lauten Segen in die grelle
Musik des Donners, die mein Wort bewährt:
O Tal, du meines Lebens andre Schwelle,
du meiner tiefsten Kräfte stiller Herd,
du meiner Liebe Wundernest! ich scheide,
leb wohl! und sei dein Engel mein Geleite!

Was aber schön ist,
  selig scheint es in ihm selbst.

An die Braut Luise Rau

Owen, den 4. Januar 1830

Es liegt für mich etwas Angenehmes darin, die erste Morgenstunde des Tages Dir zu widmen, eh ich noch ein Wort mit andern gesprochen, und solange das Innere, noch unbewegt von der Außenwelt, rein und glatt wie ein Spiegel liegt. Du kennst doch jene stille Frühstimmung des Herzens, wo man sich bewegt fühlt, man weiß nicht, von was, aufgelegt zu jeder guten Tat; es fehlte wenig, und man würde in die seligsten Tränen ausbrechen. Es ist, als wäre ein Engel durchs Zimmer gegangen; die Seele fängt gleichsam von sich selber zu tönen an, wie jene Harfen, auf denen die Luft spielt.

An Luise Rau

Owen, den 18. Februar 1830

Die Liebe ist gleich unersättlich im Austeilen und Hinnehmen immer neuer Schwüre, und so wird es uns stets ein glückliches Bedürfnis bleiben, das alte »Wie lieb ich Dich!«, welches Dein letzter Brief, doppelt unterstrichen, wiederholt, wechselseitig zu hören und hören

zu lassen. Es ist derselbe einfache Akkord, der, sooft Du ihn anschlagen magst, jedesmal wieder neu und mit nie erhörtem Zauber in mir nachklingt. Diese süße Wiederholung, worin man sich selber nie ein Genüge tut, gleicht fast einem lieblichen Spiele, das etwa darin bestünde, daß Du ein goldenes Gefäß mit köstlichem Wein in ein anderes gössest, damit ich den immer frischen Perlschaum schnell vom Rande sauge, um sodann Dir wieder einzufüllen, daß Du das gleiche tuest, und so fort – ohne unsern Durst löschen und den Wundertrank zur Neige bringen zu können. Ist das ein Spiel, so ist's ein solches, wie die Engel es treiben, und wir schämen uns seiner nicht.

Er ist's

Frühling läßt sein blaues Band
wieder flattern durch die Lüfte;
süße, wohlbekannte Düfte
streifen ahnungsvoll das Land.
Veilchen träumen schon,
wollen balde kommen. –
Horch, von fern ein leiser Harfenton!
Frühling, ja du bist's!
Dich hab ich vernommen!

An Luise Rau

Owen, den 19. Mai 1830

Wenn mich auch nichts anderes bestimmte, Dir, mein Herz! heute zu schreiben, so wäre es die Bedeutung des heutigen Tages, die zu schön, zu wichtig für mich ist, als daß ich sie nur stillschweigend feiern sollte. Heute vor einem Jahr geschah mein Eintritt in das Haus, worin ich meine Liebe, das süßeste Glück meines Lebens, Dich, meine Luise! finden sollte. Wie ahnungslos war der Einzug in das Dorf, das nur einige blasse, halbverwischte Erinnerungen, nur eine Vergangenheit, nicht die geringste Weissagung einer nahen entscheidungsvollen Zukunft aufwies. Ich sah dich, bestes Mädchen! ohne etwas mehr als Deinen Namen zu kennen, Du warst für mich bis auf diesen Augenblick so gut als nicht auf der Welt gewesen, wir beide standen uns wie völlig fremde Menschen gleichgültig gegenüber, und nun – ist's möglich? – nun kann keines mehr seine Existenz von der des andern trennen, wir sind *ein* Ich und *eine* Seele! – Jenes freundliche Fraulein, das Dich damals unter der Tür nur höflich begrüßte – Du nennst sie jetzt Deine Mutter, und eine andere liebreiche Gestalt, die mir fremd gewesene Frau des Hauses, sie zählt mich jetzo ihren Kindern bei; alle die andern lieben

Angesichter, die mir nur anmutige Masken gewesen, sie bieten mir, wenn ich nun komme, die schwesterliche, die brüderliche Wange hin. Einen zweiten Vater hab ich nicht mehr angetroffen; Gott sei's geklagt, daß ich's nicht durfte, o glaube mir, mein Kind! es wäre meine stolzeste Freude gewesen, wenn er mich Sohn geheißen hätte. Ich fühle ganz, ganz die entsetzliche Lücke; aber ein Trost ist mir's, denken zu dürfen, daß er mir seinen Segen nicht würde versagt haben. Sieh! das hoff ich, das glaub ich so fest, so unerschütterlich! Ich müßte mit Angst, mit Sorge an Deinem Herzen liegen, wenn ich's weniger gewiß wäre. –

Aber wie lange doch haben wir beide uns um einander bewegt, eh nur ein Gedanke, ein Gefühl dessen in uns aufdämmerte, was jetzt ist; eh ein kecker Traum mir spielend einen Wunsch erklärte, den ich wachend nie in mir gewahr geworden. Welche Tage des zufriedenen, anspruchlosen Ineinanderlebens! Du gingst neben mir hin und fülltest die Luft mit angenehmem Wesen; ich war mir dieses Eindrucks kaum bewußt, aber er, er fehlte mir, wenn Du irgend abwesend warest. Ich verstand mich nach und nach besser, besonders wenn am Klavier Du den Tag zur Ruhe sangest. Es war, als schlösse sich dann Dein

geheimeres Leben für mich auf, wie es Pflanzen gibt, die am Abend erst leise ihre schüchternen Kelche öffnen; doch ich dachte immer nicht über die Gegenwart hinaus. Es konnte zuweilen geschehen, wenn Du auf dem Gang, im Zimmer oder wo sonst gleichgültig an mir vorüberstreiftest, mich mit dem Kleid berührtest, daß mich's dann schaudrig überflog, daß all meine Seele sich sehnsüchtig Dir nachbeugte. Aber es setzte sich kein bestimmter Wunsch in mir fest. –

Eine seltsame Empfindung muß ich Dir noch entdecken, in der Du mich jedoch schwerlich ganz begreifen wirst. Deine ganze Erscheinung, Dein stilles, verschlossenes, häufig mißverstandenes Wesen, Deine heimlichen Besuche auf dem Kirchhof, jener gedankenvolle, starre Blick, mit dem Du öfters, die laute Gesellschaft überhörend, unbeweglich dasaßest – dies alles gab Dir in meinen Augen etwas Feierliches, Mysteriöses, ja zuweilen etwas Geisterhaftes, das mir heilig und unantastbar war. Gewiß – so sonderbar es lauten mag – ich stand oft gebannt in Deiner Nähe, jenen Geschöpfen nicht unähnlich, welche durch die natürliche Zauberkraft gewisser Schlangen festgehalten werden. Es war die süßeste Beklemmung. Hast Du mir denn niemals so etwas angespürt? Bei weitem am häufigsten aber fühlte ich mich ganz ruhig, ganz harmlos und wohl in Deiner Gegenwart. Wir spielten lange Zeit, wie Kinder im Sonnenschein zusammen, ohne eben einander entschieden zu begehren, ein Sturm mußte kommen, um den Vorhang, der noch über meiner Seele hing, zu zerreißen; ich klammerte mich mit Heftigkeit an Dich und wollte verzweifeln, da die Möglichkeit erschien, Dich zu verlieren. Im nächtlichen Gewitterschein dieser Gefahr stund Dein Bild doppelt herrlich und wunderbar erleuchtet vor meinen Augen. Ich fühlte, ein Gott hatte die Glocke der entscheidenden Stunde angeschlagen, er trieb, er stieß mich vorwärts, das Glück zu ergreifen, das mir und keinem andern bestimmt war. Der Morgen kam, da die liebe Rike mir jene Eröffnung machte – Du standest am Türpfosten der Kammer und blicktest ernst zu uns herüber, als die Schwester mich zum Spaziergang aufforderte. – Nun die Szene zwischen Dir und mir in der morgendlichen, goldengrünen Gartenlaube! »Mein Herz hat entschieden«, sagtest Du endlich. – Mir stürzte ein Fels von der Brust, und doch welche Angst war in uns beiden! – Hinweg, hinweg über diese schwindelnde Kluft! vorwärts bis zu dem Abend, der endlich die Schwester von Tübingen zurückbrachte.

Ich sehe sie noch, erschöpft vom Wege, auf ihrem Sessel; endlich fällt der Blick auf mich, sie hatte Mitleid mit meinem Zustand; ich eilte ein paar Minuten aus dem Zimmer, um Euch Zeit zu lassen, ihr den günstigen Vorgang in Bernhausen zu kommunizieren. Wie ich wieder eintrat, drückte sie meine Hand mit einem zusagenden Lächeln. Du standest im Hintergrund beim Sofa und ersahst Dir die Gelegenheit, mich, den übrigen im Rücken, zum ersten Kusse zu Dir herzuziehen. O wie schwankte der Boden selig unter mir! wie zitterten meine Finger in den Deinen! wie freudig staunend blickten wir uns an! Die Rike schien mir wie ein guter Engel; ich hätte vor der Mutter, ich hätte vor Euch allen auf den Knien liegen mögen. –

Weißt, eine Zeitlang ließen wir's, des eigenen Reizes wegen, noch beim »Sie«. In der Kirche von Bernhausen, Arm in Arm den langen Gang auf- und abgehend, machten wir das schöne Du erst aus. – Nun! Du! Du! mein Kind! was sagst Du zu dem allen? – Ich danke Gott mit brünstiger Seele und schließe nun diese Vergangenheit, die ach! vor einem Jahre erst ein Unding in dem Schoß der Zukunft lag – mit leichtem, heiterm Herzen ab. Sie deucht mir alt, älter als zehn Jahre wohl und jung doch wie der Tag von gestern.

Agnes

Rosenzeit, wie schnell vorbei,
        schnell vorbei
bist du doch gegangen!
Wär mein Lieb nur blieben treu,
        blieben treu,
sollte mir nicht bangen.

Um die Ernte wohlgemut,
        wohlgemut
Schnitterinnen singen.
Aber ach, mir krankem Blut,
        mir krankem Blut
will nichts mehr gelingen.

Schleiche so durchs Wiesental,
        so durchs Tal,
als im Traum verloren,
nach dem Berg, da tausendmal,
        tausendmal
er mir Treu' geschworen.

Oben auf des Hügels Rand,
        abgewandt,
wein ich bei der Linde;
an dem Hut mein Rosenband,
        von seiner Hand,
spielet in dem Winde.

Um Mitternacht

Gelassen stieg die Nacht ans Land,
lehnt träumend an der Berge Wand;
ihr Auge sieht die goldne Waage nun
der Zeit in gleichen Schalen stille ruhn.
Und kecker rauschen die Quellen hervor,
sie singen der Mutter, der Nacht, ins Ohr
vom Tage,
vom heute gewesenen Tage.

Das uralt alte Schlummerlied –
sie achtet's nicht, sie ist es müd;
ihr klingt des Himmels Bläue süßer noch,
der flüchtgen Stunden gleichgeschwungnes Joch.
Doch immer behalten die Quellen das Wort,
es singen die Wasser im Schlafe noch fort
vom Tage,
vom heute gewesenen Tage.

Legende

Vor vielen hundert Jahren, eh noch das Christentum in deutschen Landen verbreitet gewesen, lebte ein Graf, der besaß eine Tochter, Belsore, die hatte er eines Herzogs Sohn, mit Namen Alexis, zur Ehe versprochen. Diese liebten einander treulich und rein; über ein Jahr sollte Alexis sie heimführen dürfen. Mittlerweile aber mußte er einen Zug tun mit seinem Vater, weit weg, nach Konstantinopel. Dort hörte er zum erstenmal in seinem Leben das Evangelium von Christo predigen, was ihn und seinen Vater bewog, diesen Glauben besser kennenzulernen. Sie blieben einen Monat in der gedachten Stadt und kamen mit Freuden zuletzt überein, daß sie sich wollten taufen lassen. Bevor sie wieder heimreisten, ließ der Vater von einem griechischen Goldschmied zwei Fingerringe machen, worauf das Kreuzeszeichen in kostbaren Edelsteinen gegraben war; der eine gehörte Belsoren, der andre Alexis. Als sie nach Hause kamen und der Graf vernahm, was mit ihnen geschehen, und daß seine Tochter sollte zur Christin werden, verwandelte sich seine Freude in Zorn und giftigen Haß, er schwur, daß er sein Kind lieber würde

mit eigner Hand umbringen, eh ein solcher sie heiraten dürfe, und könnte sie dadurch zu einer Königin werden. Belsore verging vor Jammer, zumal sie nach dem, was ihr Alexis vom neuen Glauben ans Herz gelegt, ihre Seligkeit auch nur auf diesem Weg zu finden meinte. Sie wechselten heimlich die Ringe und gelobten sich Treue bis in den Tod, was auch immer über sie ergehen würde.

Der Graf bot Alexis Bedenkzeit an, ob er etwa seinen Irrtum abschwören möchte, da er ihn denn aufs neue als lieben Schwiegersohn umarmen wolle. Der Jüngling aber verwarf den frevelhaften Antrag, nahm Abschied von Belsoren und griff zum Wanderstab, um in geringer Tracht bald da bald dort als ein Bote des Evangeliums umherzureisen. Da er nun überall verständig und kräftig zu reden gewußt, auch lieblich von Gestalt gewesen, so blieb seine Arbeit nicht ohne vielfältigen Segen. Aber oft, wenn er so allein seine Straße fortzog, bei Schäfern auf dem Felde, bei Köhlern im Walde übernachten blieb und neben so viel Ungemach auch wohl den Spott und die Verachtung der Welt erfahren mußte, war er vor innerer Anfechtung nicht sicher und zweifelte zuweilen, ob er auch selbst die Wahrheit habe, ob Christus der Sohn Gottes sei und würdig, daß man um seinetwillen alles verlasse. Dazu gesellte sich die Sehnsucht nach Belsoren, mit der er jetzt wohl längst in Glück und Freuden leben könnte. Indes war er auf seinen Wanderungen auch in diese Gegend gekommen. Hier, wo nunmehr der Brunnen ist, soll damals nur eine tiefe Felskluft und dabei ein Quell gewesen sein, daran Alexis seinen Durst gelöscht. Da flehte er inbrünstig zu Gott um ein Zeichen, ob er den rechten Glauben habe; doch dachte er sich dieser Gnade erst durch ein Geduldjahr würdiger zu machen, währenddessen er zu Haus beim Herzog, seinem Vater, geruhig leben und seine Seele auf göttliche Dinge richten wolle. Werde er in dieser Zeit seiner Sache nicht gewisser und komme er auf den nächsten Frühling wiederum hieher, so solle der Rosenstock entscheiden, an dessen völlig abgestorbenes Holz er jetzt den Ring der Belsore feststeckte; blühe bis dahin der Stock und trage er noch den goldenen Reif, so solle ihm das bedeuten, daß er das Heil seiner Seele bisher auf dem rechten Wege gesucht und daß auch seine Liebe zu der Braut dem Himmel wohlgefällig sei. So trat er nun den Rückweg an.

Der Herzog war inzwischen dem Erlöser treu geblieben, und von Belsoren erhielt Alexis durch heimliche Botschaft die gleiche Versicherung. Sosehr ihn dies erfreute, so blieb ihm doch sein eigener Zweifelmut; zugleich betrübte er sich, weil es im Brief der Braut beinah den Anschein hatte, als ob sie bei all ihrer treuen Zärtlichkeit für ihn doch ihrer heißen Liebe zum Heiland die seinige in etwas nachgesetzt. Er konnte kaum erwarten, bis das Jahr bald um war. Da macht er sich also zu Fuße, wie er's gelobt, auf den Weg. Er findet den Wald wieder aus, er kennt schon von weitem die Stelle, er fällt, bevor er näher tritt, noch einmal auf die Knie und eilt nun mit angstvollem Herzen hinzu. O Wunder! Drei Rosen, die schönsten, hängen am Strauch. Aber ach, es fehlt der Ring. Sein Glaube also galt, aber Belsore war ihm verloren. Voll Verzweiflung riß er den Strauch aus der Erde und warf ihn in die tiefe Felskluft. Gleich nachher gereute ihn die Untat; als ein Büßender kehrte er zurück ins Vaterland, dessen Einwohner durch die Bemühungen des Herzogs bereits zum großen Teil waren bekehrt worden. Alexis versank in eine finstre Schwermut; doch Gott verließ ihn nicht, Gott gab ihm den Frieden in seinem wahrhaftigen Worte. Nur über einen Punkt, über seine Liebe zu der frommen Jungfrau, war er noch nicht beruhigt. Eine heimliche Hoffnung lebte in ihm, daß er an jenem wunderbaren Orte

noch völlig müsse getröstet werden.
Zum drittenmal machte er die weite Wallfahrt, und glücklich kommt er ans Ziel. Aber leider trifft er hier alles nur eben, wie er's verlassen. Mit Wehmut erkennt er die nackte Stelle, wo er den Stock entwurzelt hat. Kein Wunder will erscheinen, kein Gebet hilft ihm zu einer fröhlichen Gewißheit. In solcher Not und Hoffnungslosigkeit überfiel ihn die Nacht, als er noch immer auf dem Felsen hingestreckt lag, welcher sich über die Kluft herbückte. In Gedanken sah er so hinunter in die Finsternis und überlegte, wie er mit anbrechendem Morgen in Gottes Namen wieder wandern und seiner Liebsten ein Abschiedsschreiben schicken wolle. Auf einmal bemerkt er, daß es tief unten auf dem ruhigen Spiegel des Wassers als wie ein Gold- und Rosenschimmer zuckt und flimmt. Anfänglich traut er seinen Augen nicht, allein von Zeit zu Zeit kommt der liebliche Schein wieder. Ein frohes Ahnen geht ihm auf. Wie der Tag kommt, klimmt er die Felsen hinab, und siehe da! der weggeworfene Rosenstock hatte zwischen dem Gestein, kaum eine Spanne überm Wasser, Wurzel geschlagen und blühte gar herrlich. Behutsam macht Alexis ihn los, bringt ihn ans Tageslicht herauf und findet an derselben Stelle, wo er vor zwei

Jahren den Reif angesteckt, ringsum eine frische Rinde darüber gequollen, die ihn so dicht einschloß, daß kaum durch eine winzige Ritze das helle Gold herausglänzte. Noch voriges Jahr müßte Alexis den Ring, wäre er nicht so übereilt und sein Vertrauen zu Gott größer gewesen, weit leichter entdeckt haben. Wie dankbar warf er nun sich im Gebet zur Erde! Mit welchen Tränen küßte er den Stock, der außer vielen aufgegangenen Rosen noch eine Menge Knospen zeigte. Gerne hätte er ihn mitgenommen, allein er glaubte ihn dem heiligen Orte, wo er zuvor gestanden, wieder einverleiben zu müssen. Unter lautem Preisen der göttlichen Allmacht kehrte er, wie ein verwandelter Mensch, ins väterliche Haus zurück. Dort empfängt ihn zugleich eine Freuden- und Trauerbotschaft: der alte Graf war gestorben, auf dem Totenbett hatte er sich, durch die Belehrung seiner Tochter gewonnen, zum Christentum bekannt und seine Härte aufrichtig bereut. Alexis und Belsore wurden zum glücklichsten Paare verbunden. Ihr erstes hierauf war, daß sie zusammen eine Wallfahrt an den Wunderquell machten und denselben in einen schöngemauerten Brunnen fassen ließen. Viele Jahrhunderte lang soll es ein Gebrauch gewesen sein, daß weit aus der Umgegend die

Brautleute vor der Hochzeit hierherreisten, um einen gesegneten Trunk von diesem klaren Wasser zu tun, welches der Rosentrunk geheißen; gewöhnlich reichte ihn ein Pater Einsiedler, der hier in dem Walde gewohnt. Das ist nun freilich abgekommen, doch sagen die Leute, die Schäfer und Feldhüter, daß noch jetzt in der Karfreitag- und Christnacht das rosenfarbene Leuchten auf dem Grunde des Brunnens zu sehen sei.

Septembermorgen

Im Nebel ruhet noch die Welt,
noch träumen Wald und Wiesen.
Bald siehst du, wenn der Schleier fällt,
den blauen Himmel unverstellt,
herbstkräftig die gedämpfte Welt
in warmem Golde fließen.

Neue Liebe

Kann auch ein Mensch des andern auf der
Erde
ganz, wie er möchte, sein? –
In langer Nacht bedacht ich mir's und mußte
sagen: Nein!

So kann ich niemands heißen auf der Erde,
und niemand wäre mein? –
Aus Finsternissen hell in mir aufzückt ein
Freudenschein:

Sollt ich mit Gott nicht können sein,
so wie ich möchte, mein und dein?
Was hielte mich, daß ich's nicht heute werde?

Ein süßes Schrecken geht durch mein Gebein:
Mich wundert, daß es mir ein Wunder wollte
sein,
Gott selbst zu eigen haben auf der Erde!

An den Freund Wilhelm Hartlaub

Cleversulzbach, den 12. August 1840

Es ist nun einmal wahr, und warum soll ich Dir's nicht wiederholen, da mich das Herz antreibt: ich weiß neben Bruder und Schwester kein andres Menschenkind, verlange auch nach keinem, bei dem ich mich so wie bei Dir daheim befände, d. h. so innig in mir selber bleiben könnte. Du mutest mir nichts zu, was meinem Wesen nicht entspricht, und wenn Du mich anmahnst und aufschüttelst, so ist's nicht mehr noch weniger, als ich bei meiner kranken Ängstlichkeit gar wohl brauchen kann.

Gebet

Herr, schicke, was du willt,
ein Liebes oder Leides!
Ich bin vergnügt, daß beides
aus deinen Händen quillt.

Wollest mit Freuden
und wollest mit Leiden
mich nicht überschütten!
Doch in der Mitten
liegt holdes Bescheiden.

Mozart auf der Reise nach Prag

Im Herbst des Jahres 1787 unternahm Mozart in Begleitung seiner Frau eine Reise nach Prag, um Don Juan daselbst zur Aufführung zu bringen . . . Man war eine sanft ansteigende Höhe zwischen fruchtbaren Feldern, welche hie und da die ausgedehnte Waldung unterbrachen, gemachsam hinauf und jetzt am Waldsaum angekommen.
»Durch wieviel Wälder«, sagte Mozart, »sind wir nicht heute, gestern und ehegestern schon passiert! Ich dachte nichts dabei, geschweige, daß mir eingefallen wäre, den Fuß hineinzusetzen. Wir steigen einmal aus da, Herzenskind, und holen von den blauen Glocken, die dort so hübsch im Schatten stehen.«
Indem sie sich beide erhoben, kam ein kleines Unheil an den Tag, welches dem Meister einen Zank zuzog. Durch seine Achtlosigkeit war ein Flakon mit kostbarem Riechwasser aufgegangen und hatte seinen Inhalt unvermerkt in die Kleider und Polster ergossen. »Ich hätt es denken können!« klagte sie; »es duftete schon lang so stark. O weh, ein volles Fläschchen echte Rosée d'Aurore rein ausgeleert! Ich sparte sie wie Gold.« – »Ei, Närrchen«, gab er ihr zum Trost zurück, »begreife

doch: auf solche Weise ganz allein war uns dein Götter-Riechschnaps etwas nütze. Erst saß man in einem Backofen, und all dein Gefächel half nichts, bald aber schien der ganze Wagen gleichsam ausgekühlt; du schriebst es den paar Tropfen zu, die ich mir auf den Jabot goß; wir waren neu belebt, und das Gespräch floß munter fort, statt daß wir sonst die Köpfe hätten hängen lassen, wie die Hämmel auf des Fleischers Karren, und diese Wohltat wird uns auf dem ganzen Weg begleiten. Jetzt aber laß uns doch einmal zwei Wienerische Nos'n recht expreß hier in die grüne Wildnis stecken!«
Sie stiegen Arm in Arm über den Graben an der Straße und sofort tiefer in die Tannendunkelheit hinein, die, sehr bald bis zur Finsternis verdichtet, nur hin und wieder von einem Streifen Sonne auf sammetnem Moosboden grell durchbrochen ward. Die erquickliche Frische, im plötzlichen Wechsel gegen die außerhalb herrschende Glut, hätte dem sorglosen Mann ohne die Vorsicht der Begleiterin gefährlich werden können. Mit Mühe drang sie ihm das in Bereitschaft gehaltene Kleidungsstück auf. »Gott, welche Herrlichkeit!« rief er, an den hohen Stämmen hinaufblikkend, aus. »Man ist als wie in einer Kirche. Mir deucht, ich war niemals in einem Wald,

und besinne mich jetzt erst, was es doch heißt: ein ganzes Volk von Bäumen beieinander! Keine Menschenhand hat sie gepflanzt, sind alle selbst gekommen und stehen so, nur eben weil es lustig ist beisammen wohnen und wirtschaften. Siehst du, mit jungen Jahren fuhr ich doch in halb Europa hin und her, habe die Alpen gesehen und das Meer, das Größeste und Schönste, was erschaffen ist: jetzt steht von ungefähr der Gimpel in einem ordinären Tannenwald an der böhmischen Grenze verwundert und verzückt, daß solches Wesen irgend existiert, aus dem Erdboden herausgewachsen, von Feuchtigkeit und Wärmelicht der Sonne großgezogen. Hier ist zu Haus der Hirsch mit seinem wundersamen zackigen Gestäude auf der Stirn, das possierliche Eichhorn, der Auerhahn, der Häher.« – Er bückte sich, brach einen Pilz und pries die prächtige hochrote Farbe des Schirms, die zarten weißlichen Lamellen an dessen unterer Seite, auch steckte er verschiedene Tannenzapfen ein.
»Man könnte denken«, sagte die Frau, »du habest noch nicht zwanzig Schritte hinein in den Prater gesehen, der solche Raritäten doch auch wohl aufzuweisen hat.«
»Was Prater! Wie du nur das Wort hier nennen magst! Vor lauter Karossen, Staatsdegen,

Roben und Fächern, Musik und allem Spektakel der Welt, wer sieht denn da noch sonst etwas? Und selbst die Bäume dort, so breit sie sich auch machen, ich weiß nicht – Buchekkern und Eicheln, am Boden verstreut, sehn aus als wie Geschwisterkind mit der Unzahl verbrauchter Korkstöpsel darunter. Zwei Stunden weit riecht das Gehölz nach Kellnern und nach Saucen.«
»O unerhört!« rief sie, »so redet nun der Mann, dem gar nichts über das Vergnügen geht, Backhähnl im Prater zu speisen!«
Als beide wieder in dem Wagen saßen und sich die Straße jetzt nach einer kurzen Strecke ebenen Wegs allmählich abwärts senkte, wo eine lachende Gegend sich bis an die entfernteren Berge verlor, fing unser Meister wieder an: »Die Erde ist wahrhaftig schön und keinem zu verdenken, wenn er so lang wie möglich darauf bleiben will. Gott sei's gedankt! Ich fühle mich so frisch und wohl wie je und wäre bald zu tausend Dingen aufgelegt, die denn auch alle nacheinander an die Reihe kommen sollen, wie nur mein neues Werk vollendet und aufgeführt sein wird. Wieviel ist draußen in der Welt und wieviel daheim, Merkwürdiges und Schönes, das ich noch gar nicht kenne!«